LUCKY LUKE

VI

HORS-LA-LOI

Texte et illustrations de MORRIS

DUPUIS

D.1987/0089/140 — R.4/2011.
ISBN 978-2-8001-1446-0 — ISSN 0771-8160
© Dupuis, 1986.
Tous droits réservés.
Imprimé en Belgique.

Cet album a été imprimé sur papier issu
de forêts gérées de manière durable et équitable.

www.DUPUIS.com

HORS-LA-LOI

À l'époque tumultueuse des pionniers, bien des hors-la-loi, renégats, desperados et voleurs de grands chemins ont laissé leur nom couleur de sang dans les annales de l'ouest... tels___

Mais parmi ces as du "six-coups" nul ne fut aussi redoutable et redouté que les quatre frères Dalton___

Mille pétards, Bob, tu es le cadet de la famille, mais ta tête de pipe est celle qui est toujours la mieux cotée...

... J'ai toujours été précoce... "l'hombre" capable de dégainer sa "foreuse" plus vite que moi n'est pas encore né___ ceux qui ont essayé ne sont plus là pour le dire___

CES SINISTRES CÉLÉBRITÉS NE CONNAISSAIENT QUE LA LOI DU REVOLVER À SIX COUPS... ET LA VIRTUOSITÉ AVEC LAQUELLE ILS MANIAIENT CELUI-CI ÉTAIT LE RÉSULTAT DE BIEN DES ANNÉES D'EXERCICE...

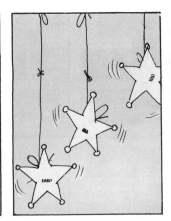 

BOB, LE CADET DES FRÈRES DALTON, SURPASSAIT TOUS CEUX-CI PAR SON ADRESSE...

MAIS C'ÉTAIT SURTOUT PAR LA VITESSE AVEC LAQUELLE IL DÉGAINAIT SON "RÈGLE-COMPTE" QUE BOB DALTON DEVINT FAMEUX DANS CE MÉTIER OÙ LA VIE DÉPENDAIT SOUVENT D'UNE FRACTION DE SECONDE.

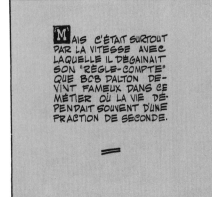  

C'EST EN DÉVALISANT UNE BANQUE QUE LES FRÈRES DALTON DÉBUTÈRENT DANS LEURS CARRIÈRES CRIMINELLES --C'EST AUSSI UNE ATTAQUE DE BANQUE QUI PLUS TARD LES PERDIT ET LES MENA TOUS AU CIMETIÈRE DE BOOTHILL, "LES PIEDS EN AVANT" ET LES POCHES VIDES.

"EL RENO", 1889...

C'EST DANS LE SAC, BOYS... ATTENDEZ-MOI ICI... JE VAIS FAIRE ÇA TOUT SEUL LES DOIGTS DANS LE NEZ...

NATIONAL BANK

C'EST POUR DÉPOSER MES ÉCONOMIES À LA CAISSE D'ÉPARGNE...

CLANG CLANG

À PRÉSENT, OUVREZ-MOI ÇA, ET PAS D'ENFANTILLAGES. CECI N'EST PAS UN JOUJOU !...

1889 SEP

BOB DALTON 10.000 DOLLARS DE RE...

BOB DALTON !

TENEZ CECI PENDANT QUE J'EMBALLE...

BOB !

RECHERCHÉ

SHÉRIF ! AU SECOURS !! AU VOLEUR !!!

INSENSIBLES AUX CHOSES DE L'ESPRIT, LES FRÈRES DALTON RESTÈRENT JUSQU'AU JOUR DE LEUR DÉFAITE IGNORANTS ET ILLETTRÉS...

TOUT A MARCHÉ COMME SUR DES ROULETTES. JE N'AI PAS EU À ME SERVIR DE MON RIGOLO UNE SEULE FOIS!

TOUT VA BIEN, LES GARS! L'AIR EST PUR ON VA POUVOIR COMPTER ET PARTAGER LE POGNON...

ET CASSER LA GRAINE!

10.000 DOLLARS À DIVISER PAR 4...

ON POURRAIT JOUER TOUT ÇA AU POKER...

CE SERA COMPLIQUÉ TU AURAIS DÛ DEMANDER AU BANQUIER DE LE FAIRE.

...J'ÉCRIS 2 ET JE RETIENS 5

MAINTENANT LA RACINE CARRÉE DE LA SOMME DES PRODUITS ÇA ME DONNE UNE ÉQUATION À DEUX INCONNUES X ET Y... JE PEUX SIMPLIFIER LE NOMINATEUR ET LE DÉNOMINATEUR DE LA FRACTION...

ÇA ME DONNE 195733333... ETC... C'EST TROP LONG... JE METS UNE VIRGULE LÀ... ÇA FAIT TOUJOURS BIEN...

PAN

JE REVIENS... SURTOUT NE TOUCHEZ PAS AU "CARBURE"

OÙ COURS-TU? ...CHERCHER TA MACHINE À CALCULER?

LA RÉPUTATION DES FRÈRES DALTON COMME DÉTROUSSEURS DE DILIGENCES ÉTAIT RECONNUE À TRAVERS TOUT L'OUEST...

CEPENDANT, LES FRÈRES DALTON SE SPÉCIALISÈRENT SURTOUT DANS LES ATTAQUES DE TRAINS, À TEL POINT QU'ILS FURENT BIENTÔT PLUS REDOUTÉS DES VOYAGEURS QUE GERONIMO ET TOUTE SA TRIBU D'APACHES...

The OKLAHOMA HERA

LES DALTON TERRORISENT LES CHEMINS DE FER

DIX ATTAQUES DEPUIS UN MOIS

LA SITUATION EST DEVENUE INTENABLE. LES VOYAGEURS SONT PRIS DE PANIQUE ET LES PERTES SONT ÉNORMES. MISE AU COURANT DE VOS EXPLOITS ANTÉRIEURS, LA COMPAGNIE ESTIME QUE VOUS ÊTES L'HOMME QU'IL NOUS FAUT... VOTRE MISSION EST CLAIRE: RAMENEZ-NOUS BOB DALTON ET SA BANDE, MORTS OU VIFS...

BONNE CHANCE, LUKE, ET AU REVOIR... J'ESPÈRE.

CES BRONCOS NE SE LAISSERONT PAS FACILEMENT LACER. LA SEULE FAÇON DE DISCUTER AVEC EUX, C'EST À COUPS DE PÉTOIRE. MAIS J'ESSAIERAI...

·AVIS·

ON SIGNALE LA PRÉSENCE DES FRÈRES DALTON DANS LE TERRITOIRE. LA COMPAGNIE DÉCLINE TOUTE RESPONSABILITÉ EN CAS D'ATTAQUE. LES VOYAGEURS VOYAGENT À LEURS PROPRES RISQUES ET PÉRILS.

?

MOI, JE N'AI PAS CONFIANCE; JE RESTE CHEZ MOI!

JE NE SUIS PAS UN FROUSSARD, MAIS JE N'AI QU'UNE SEULE PEAU, ET J'Y TIENS!

MOI, JE NE BOUGE PAS D'ICI!...

À QUOI BON VOYAGER SI C'EST POUR ARRIVER LES POCHES VIDES.

TU PARLES! CE TRAIN-LÀ POURRAIT NOUS MENER SIX PIEDS SOUS TERRE!

...SI PAS DANS UN CERCUEIL...

EH BIEN, OLD BOY, JE CROIS QUE NOUS N'ALLONS PAS MANQUER DE PLACE SUR CE TRAIN...

PERSONNE! SAUF LE CONTRÔLEUR!!

NE PAS FUMER

...ENCHANTÉ, LUCKY LUKE... PAS FÂCHÉ DE VOYAGER AVEC UN DÉTECTIVE DES CHEMINS DE FER, SURTOUT AVEC CE COFFRE-FORT DU FOURGON BOURRÉ DE FRIC...

N'AYEZ CRAINTE, CONTRÔLEUR, J'AI TOUT PRÉVU.

MORRIS (19b)

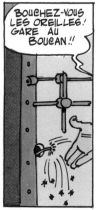

BEAU TRAVAIL, LUKE, GOODBYE, IL FAUT QUE J'AILLE TÉLÉGRAPHIER POUR FAIRE RÉTABLIR LA LIGNE...

EN ATTENDANT DE RECEVOIR DES NOUVELLES AU SUJET DES DALTON, ALLONS EXPLORER LE PATELIN..

UNE BIÈRE, ET SANS FAUX COL...

À TA PLACE, JE METTRAIS MON FRIC DANS UN LIEU PLUS SÛR, AMIGO... LES DALTON NE SONT PAS LOIN D'ICI---

SANS BLAGUE? EH BIEN, S'ILS OSENT SE MONTRER, JE LEUR PERFORE LA PELURE JUSQU'À CE QU'ILS AIENT L'AIR DE QUATRE FROMAGES DE GRUYÈRE !--- PERSONNE NE VIDERA MA CAISSE, MÊME PAS LES DALTON---

..SLIM A RAISON! LES GARS! IL FAUT SE DÉFENDRE: EN NOUS Y METTANT TOUS ENSEMBLE, NOUS POUVONS LEUR RÉGLER LEUR AFFAIRE LES DOIGTS DANS LE NEZ!

C'EST FACILE DE BLABLATER, SHÉRIF, MAIS CE SONT LES COYOTES LES PLUS CORIACES DU PAYS.' ILS AURONT TIRÉ LEUR GACHETTE SIX FOIS AVANT QUE TU N'AIES PU DÉGAINER!

ON LES PRENDRA AU DÉPOURVU--- PAR SURPRISE!

COMPTEZ SUR MOI, SHÉRIF, CES QUARANTE MILLE DOLLARS DE RÉCOMPENSE M'INTÉRESSENT AUSSI!

S'ILS OSENT PÉNÉTRER DANS LE VILLAGE, ILS Y RESTERONT POUR DE BON! SIX PIEDS SOUS TERRE!

C'EST EXACT!--.IL FAUT EXTERMINER CETTE VERMINE UNE FOIS POUR TOUTES.

ON LES AURA!

JE COURS CHEZ L'ARMURIER CHERCHER DES MUNITIONS!

AVERTIS LE CROQUE MORT EN PASSANT.

..J'AI DÉJÀ VU CET "HOMBRE" QUELQUE PART... JE PARIE MA SELLE ET MES BOTTES QU'IL EST DANS LE COUP QU'ON NOUS A FAIT LORS DE LA DERNIÈRE ATTAQUE DE TRAIN... BZZZ --- BZZZ ---

PSST... COW-BOY.

JE N'AIME PAS LE PLI DE TON PANTALON---

ET MOI JE N'AIME PAS TON HALEINE DE WHISKY FRELATÉ..

ÇA VAUT MIEUX QUE PAS D'HALEINE DU TOUT, COW-BOY..

JE SUIS LE PLUS COSTAUD DE LA RÉGION --- ATTENDS...

MOI AUSSI, J'AIME LES JEUX DE SOCIÉTÉ---

QUE PENSEZ-VOUS DE CECI?..

203

JE N'AIME PAS TON HUMOUR, COW-BOY...

PRENDS ÇA !...

MERCI.. ÇA M'A FAIT PLAISIR, ET...

...COMME JE SUIS UN HOMME POLI...

...JE TE RENDS LA PA-REILLE.

FINE BOURBON 100 PROOF

WANTED

FINE BOURBON 100 PROOF

WANTED

STRAIGHT BOURBON WHISKEY

ILS SE SONT DÉBINÉS EN DOUCE! TOUT EST À RECOMMENCER! ILS ONT PRIS LA POUDRE D'ESCAMPETTE!...

JE L'AVAIS BIEN DIT QUE CES BARREAUX NE LES RETIENDRAIENT PAS!

ILS SE SONT SAUVÉS PAR-DERRIÈRE... LEURS TRACES SONT TOUTES FRAÎCHES!

EN SELLE! NOUS ALLONS LEUR DONNER LA CHASSE!...

ILS NE PEUVENT PAS ÊTRE LOIN... IL Y A À PEINE UNE HEURE QU'ON LES A ENFERMÉS...

CES IMBÉCILES SONT TROP PRESSÉS... ILS VONT TOMBER DANS UNE EMBÛCHE À COUP SÛR...

EN AVANT, "JOLLY"... AU PETIT GALOP... ET OUVRONS L'ŒIL...

ENTRETEMPS...

LA PISTE S'ARRÊTE. LE SOL DEVIENT ROCHEUX À PARTIR D'ICI!

CE GROUPE D'INDIENS POURRA PEUT-ÊTRE NOUS RENSEIGNER...

SALUT, VAILLANTS PEAUX-ROUGES! LES VISAGES-PÂLES SONT VENUS EN AMIS SOLLICITER VOTRE AIDE...

-MORRIS-

209

DURANT L'ÉPOQUE QUI SUIVIT, LES FRÈRES DALTON REPRIRENT DE PLUS BELLE LEUR ACTIVITÉ CRIMINELLE DANS PLUSIEURS ÉTATS...

RIEN QUE LEUR NOM FAISAIT FRISSONNER TOUS CEUX QUI REPRÉSENTAIENT LA LOI, ET LES SHÉRIFS PÉRIRENT EN GRAND NOMBRE, LES UNS TOMBÉS SOUS LES BALLES IMPITOYABLES DES HORS-LA-LOI, D'AUTRES MORTS DE DÉPRESSION NERVEUSE... D'AUTRES ENCORE PERDAIENT LA RAISON...

AUX YEUX DES ENFANTS, LES DALTON ÉTAIENT PLUS TERRIFIANTS QUE LE LOUP-GAROU...

SI TU N'ES PAS SAGE, LES DALTON VIENDRONT TE PRENDRE!

LA RÉCOMPENSE OFFERTE POUR LA CAPTURE DES HORS-LA-LOI AUGMENTAIT DE JOUR EN JOUR.

50.000 DOLLARS À QUI CAPTURERA.

FRÈRES DALTON

— MORTS OU VIFS —

75.000 DOLLARS À QUI CAPTURERA.

FRÈRES DALTON

MORTS OU VIFS.

100.000 DOLLARS À QUI CAPTURERA.

FRÈRES DALTON

MORTS DE PRÉFÉRENCE.

LE DANGER DE PLUS EN PLUS MENAÇANT FORÇA LES DESPERADOS À REDOUBLER LEURS PRÉCAUTIONS ET À DEMEURER AUX AGUETS À TOUT MOMENT

J'EN AI ASSEZ D'ÊTRE SUR LE QUI-VIVE NUIT ET JOUR... J'EN AI MARRE, VOUS ENTENDEZ !... LA LOI DE TRENTE-SIX COMTÉS EST À NOS TROUSSES !. DES FLICS NOUS ATTENDENT À CHAQUE TOURNANT PRÊTS À NOUS ENVOYER UN PRUNEAU ET À RAMASSER LE POGNON... NOUS SOMMES TROP CONNUS ICI. IL FAUT DÉGUERPIR !

TU AS RAISON, BOB. D'AUTANT PLUS QU'IL N'Y A PLUS RIEN À FAIRE PAR ICI. NOUS AVONS VIDÉ TOUTES LES BANQUES !

ADIEU, Ô TERRE HOSPITALIÈRE

NOUS IRONS VERS LE NORD, LE KANSAS... NOUS Y SERONS INCONNUS...

APRÈS CINQ JOURS ET CINQ NUITS DE VOYAGE

VOILÀ LE KANSAS ! À NOUS LA LIBERTÉ.

IL PARAÎT QUE C'EST UNE RÉGION PLEINE D'OPPOR-TUNITÉS

MAIS LES HORS-LA-LOI NE SE DOUTENT PAS QUE LEUR ENNEMI JURÉ A SUIVI LEUR PISTE...

L'ENDROIT A L'AIR BIEN... MAIS OÙ SONT LES BANQUES ?...

VOILÀ LE SHÉRIF. IL DOIT POUVOIR NOUS RENSEIGNER...

DITES-MOI, MON BRAVE... OÙ DONC SE TROUVE LA BANQUE DE L'ENDROIT ?

CONTINUEZ TOUT DROIT C'EST AU BOUT DE LA RUE PRINCIPALE...

HÉ ! IL ME SEMBLE QUE JE VOUS CONNAIS... EST-CE QUE...

VOUS FAITES ERREUR NOUS VENONS D'AR-RIVER...

C'EST BIZARRE... J'AURAIS POURTANT JURÉ...

...D'AVOIR DÉJÀ VU CES BOBINES-LÀ QUELQUE PART...

IL N'Y A PAS DE DOUTE, JOLLY JUMPER, LES DALTON SONT PASSÉS PAR ICI... LA PISTE EST TOUTE FRAÎCHE...

VOICI LE BAR DE L'ENDROIT. LE TENANCIER POURRA NOUS EN APPRENDRE PLUS LONG...

UNE BIÈRE BIEN GLACÉE ET SANS FAUX COL.

QUE SE PASSE-T-IL ICI? L'ENDROIT EST DÉSERT... TA BIÈRE EST-ELLE INBUVABLE OU LES GENS D'ICI SONT-ILS TOUS DES ABSTINENTS?...

C'EST PIRE QUE ÇA, ÉTRANGER... LES DALTON SONT EN VILLE ET LES GENS ONT PEUR DE METTRE LE NEZ DEHORS C'EST TRÈS MAUVAIS POUR LES AFFAIRES...

ENTRETEMPS...

AH! C'EST TOI... ENTRE...

MAUVAISE NOUVELLE! DEVINEZ QUI EST EN VILLE! LUCKY LUKE! LE TROUBLE-FÊTE QUI NOUS A MIS EN CAGE À "LA MESA"... JE L'AI VU ENTRER AU BAR...

IL NOUS A POURSUIVIS JUSQU'ICI?... IL FAUT SUPPRIMER CE GÊNEUR UNE FOIS POUR TOUTES!

C'ÉTAIT BIEN LA PEINE DE VENIR SI LOIN...

ÇA NOUS DONNERA L'OCCASION DE RÉGLER UN VIEUX COMPTE...

CE GALOPIN-LÀ EST VENU CHERCHER SON TICKET DIRECT POUR LE PAYS DES MACCHABÉES.

PRENEZ PATIENCE! LE SHÉRIF VA VENIR VOUS LIBÉRER TOUT DE SUITE

BANG

C'EST BIZARRE... ON DIRAIT LE BRUIT D'UNE MÈCHE ALLUMÉE...

WHAM

SALOON

DÉSOLÉ, SHÉRIF... CEUX QUE JE VOULAIS VOUS PRÉSENTER VIENNENT DE PRENDRE CONGÉ...

...HEUREUSEMENT QU'IL ME RESTAIT CE BOUT DE DYNAMITE DE NOTRE DERNIER "FRIC-FRAC" À LA BANQUE...

TU PARLES!

J'AI BIEN FAIT DE SAISIR CECI AU DÉPART; ÇA NOUS RAFRAÎCHIRA LES IDÉES...

C'EST DÉCOURAGEANT! CET ENTÊTÉ DE LUCKY LUKE NOUS GÊNE TOUT LE TEMPS...

IL A LA VIE DURE, CE COYOTE-LÀ

..ET PLUS MOYEN DE PASSER INAPERÇUS...NOS TÊTES SONT DEVENUES PLUS CÉLÈBRES QUE CELLE DE GEORGE WASHINGTON...

GLOU GLOU

J'AI TROUVÉ!...VOUS AVEZ DE LA VEINE QUE J'AI ASSEZ DE CERVELLE POUR NOUS TOUS BANDE DE CERVEAUX FÊLÉS!... VOICI CE QU'ON VA FAIRE...

MORRIS

FORMIDABLE!...POURQUOI N'AI-JE PAS PENSÉ À ÇA MOI-MÊME!...

..BZZZ BZZZ..

216

28

IL N'Y A PAS À DIRE, BOB... TU ES UN FIN MATOIS... GRÂCE À TON STRATAGÈME, ON POURRA RECOMMENCER À ZÉRO...

ET ON AURA BEAU JEU

LES SHERIFS Y PERDRONT LEUR LATIN...

J. SMITH MÉDECIN CHIRURGIEN & VÉTÉRINAIRE

...ME RÉVEILLER AU MILIEU DE LA NUIT!... ENCORE UNE EXTRACTION DE BALLE SANS DOUTE... J'EN AI FAIT DES DOUZAINES DEPUIS QUE LES FRÈRES DALTON SONT EN VILLE...

LES FRÈRES DALTON!

PAS LA PEINE DE VOUS ALARMER, "DOC!" NOUS SOMMES VENUS COMME CLIENTS!...

...MAIS JE N'AI AUCUNE EXPÉRIENCE EN CHIRURGIE ESTHÉTIQUE!

C'EST EN FORGEANT QU'ON DEVIENT FORGERON, DOC. SORS TES OUTILS ET AU TRAVAIL ON EST PRESSÉS.

DIPLÔME

BON — SUIVEZ-MOI À LA SALLE D'OPÉRATION...

AU PREMIER DE CES MESSIEURS...

REDRESSEZ-MOI LE NEZ ET DONNEZ-MOI UN PROFIL DIGNE, NOBLE COMME CECI...

HIPPOCRATE

CLIC CLANG! PLOPS...

PAS DE FAUX GESTE AVEC CE SCALPEL, "DOC" ... ON TE TIENT À L'ŒIL...

MERCI MILLE FOIS, DOC. NOUS PENSERONS À TOI LA PROCHAINE FOIS..

VOUS POURREZ ENLEVER LES BANDAGES DANS UNE SEMAINE...

MORRIS.

C'EST BEAU TOUT DE MÊME, LA SCIENCE ET LE PROGRÈS...

217

C'ÉTAIT BIEN LA PEINE DE SE FAIRE TRANSFORMER LA FIGURE !...

REGARDEZ !

C'EST RATÉ ! MOI JE VAIS ME FAIRE REMBOURSER ET REMETTRE MON ANCIENNE BOBINE !

MOI AUSSI.

Dr SMITH. MÉDECIN CHIRURGIEN & VÉTÉRINAIRE

PLUS TARD

VOILÀ LES DÉ-GÂTS RÉPARÉS ! APRÈS TOUT NOUS N'ÉTIONS PAS SI MAL

JE COMMENÇAIS À' EN AVOIR ASSEZ DE ME FAIRE CHARCUTER LA FIGURE.

MOI, J'AI LE MENTON MAL RECOUSU !

TU N'AS QU'À METTRE UNE ÉPINGLE DE SÛRETÉ...

TRÊVE DE PLAISANTERIE !... REVENONS À NOS MOUTONS ! VOUS VOYEZ CE VILLAGE PAS LOIN D'ICI ?... ON VIENT D'Y INSTALLER DEUX BANQUES TOUTES NEUVES.....

PASSONS PAR LE BAR... SI LUCKY LUKE Y EST, JE VAIS LUI FAIRE PERDRE LA SALE HABITUDE DE NOUS TALONNER...CECI VA LE DÉGOÛTER POUR DE BON...

BONNE IDÉE ! ON POURRA EN-FIN DORMIR SUR NOS DEUX OREILLES

SALOON

LES MAINS EN L'AIR, TOUT LE MONDE...

DALTON BROS WANTED

219

...ILS SE SONT TRAHIS EN COUPANT LA LIGNE DE COFFEYVILLE.. À PRÉSENT JE SAIS QUELLE DIRECTION ILS ONT PRISE... GOOD BYE!..

"GOOD LUCK, STRANGER!"

ILS ONT CANARDÉ CE POTEAU COMME SI C'ÉTAIT UN TIR À PIPES...

LE 5 OCTOBRE 1892, À 9 HEURES, LES FRÈRES DALTON ARRIVÈRENT À COFFEYVILLE (KANSAS), RÉSOLUS DY DÉVALISER LES DEUX BANQUES DE L'ENDROIT...

VOICI COFFEYVILLE.. C'EST LE MOMENT DE S'HABILLER POUR LA CIRCONSTANCE.. NOS RENDEZ-VOUS EXIGE-RONT UNE CER-TAINE MISE...

CLOPS!

IL FAUT ALERTER LE SHÉRIF... POURVU QUE J'ARRIVE À TEMPS.—

...NOUS ALLONS LEUR PRÉPARER UNE SURPRISE PARTY, À CETTE NICHÉE DE COYOTES! JE VAIS RAS-SEMBLER MES DÉPUTÉS TOUT DE SUITE!

221

BANDE DE SALES FLICS! VOUS NE PINCEREZ JAMAIS BOB DALTON!... JAMAIS! **JAMAIS!**

PTUT... WIT

GLP

PAN PAN PAN PAN PAN

PAN PAN PAN PAN PAN

VOUS POUVEZ RENGAINER, SHERIF!... L'ORAGE EST PASSÉ!

AINSI FINIT L'HISTOIRE DES FRÈRES DALTON. LA TÉMÉRITÉ QUI LES AVAIT RENDUS SI REDOUTABLES FINIT PAR LES MENER LÀ OÙ ILS AVAIENT EXPÉDIÉ TANT DE VICTIMES. MALGRÉ LES FORTUNES QUI PASSÈRENT PAR LEURS MAINS, ILS MOURURENT PEU APRÈS LES POCHES VIDES...

ICI SONT PLANTÉS LES FRÈRES DALTON MORTS SANS SE DÉBOTTER, LE 5 OCTOBRE 1892

BOB DALTON   GRAT DALTON   BILL DALTON   EMMETT DALTON

LE RETOUR DES FRÈRES DALTON

HOLA'!.. CE QUE J'ENTENDS N'EST PAS UN HURLEMENT DE COYOTE NI UN BRUIT DE SERPENT A SONNETTES. C'EST BEL ET BIEN DE LA MUSIQUE.

ET OÙ IL Y A DE LA MUSIQUE, IL Y A DE LA GAÎTÉ... VAS-Y, OLD BOY, ALLONS ÉCOUTER CES GUITARES DE PLUS PRÈS...

NOUS TOMBONS PILE... LA FÊTE BAT SON PLEIN..!

TU CROIS QUE ÇA AURA L'AIR D'UN FEU D'ARTIFICE ?...

ON SE DÉBROUILLE COMME ON PEUT...

BANG

!WHAM!

DIABLE... LES GENS D'ICI ONT UNE FAÇON ASSEZ EXPLOSIVE DE CÉLÉBRER...

BANG

(1) VOIR VOLUME LUCKY LUKE Nº2 "RODEO"

À PRÉSENT, SILENCE !..QUE LE SHÉRIF PUISSE CONTINUER LE RÉCIT DE SES EXPLOITS !..

..APRÈS AVOIR AINSI PACIFIÉ "DESPERADO-CITY" ET LIQUIDÉ LES FRÈRES "PISTOL", JE FUS APPELÉ AU KANSAS POUR PURIFIER CETTE RÉGION DE QUATRE RENÉGATS NOTOIRES...

..LES SINISTRES FRÈRES DALTON !, DONT J'AI CONSERVÉ LE PORTRAIT EN SOUVENIR DE LEUR CAPTURE...

$100.000
A QUI CAPTURERA
BOB   GRAT
BILL   EMMETT
FRÈRES DALTON

..ÇA SE PASSA À COFFEYVILLE... APRÈS AVOIR PILLÉ LA BANQUE DE L'ENDROIT, LES QUATRE HORS-LA-LOI ENTRÈRENT AU "SALOON" POUR Y PARTAGER LE BUTIN...

..LES PILES DE BILLETS DE BANQUE FURENT POSÉES SUR UNE TABLE...

L'ÉTABLISSEMENT ÉTAIT DÉSERT..TOUS LES CLIENTS AVAIENT DÉGUERPI, EXCEPTÉ...

..MOI, ACCOUDÉ À LA BALUSTRADE, CALME MALGRÉ LA DANGEREUSE BESOGNE QUE MON DEVOIR DE POLICIER M'IMPOSAIT...

EN ME ROULANT UNE CIGARETTE, UNE IDÉE ME TRAVERSA L'ESPRIT...

HAAAA...
HAAAA...
HAAA

..CE FUT BOB DALTON QUI, AYANT LE...

TCHOUMM

..NEZ LE PLUS SENSIBLE DES QUATRE, ÉTERNUA LE PREMIER...

PERSONNE N'ARRÊTE BOB DALTON... VOUS ÊTES SOÛL... ROND COMME UNE BILLE!

JE N'AI JAMAIS ÉTÉ PLUS LUCIDE, DALTON!.. JETEZ DONC UN COUP D'ŒIL SUR CECI...

... JE ME RENDAIS BIEN COMPTE QUE JE JOUAIS AVEC LA MORT...

UN MANDAT D'ARRÊT À MON NOM... HAHAHA!.. ELLE EST BIEN BONNE!...

ON NE VOUS A DONC JAMAIS DIT QUE BOB DALTON DÉTESTE LES FLICS!... JE M'EN VAIS VOUS ENFONCER ÇA DANS LA TÊTE À MA FAÇON!..

QUAND CE PAPIER TOUCHERA LE SOL... DÉGAINEZ ET TIREZ!!

...OKAY, DALTON!

PRENEZ ÇA, SALE "POULET"!...

PAN!

J'AVAIS JOUÉ LE TOUT POUR LE TOUT ET GAGNÉ!.. SA BALLE FIT RICOCHET SUR MON INSIGNE ET RETOURNA FRAPPER MON ADVERSAIRE À L'ÉPAULE!

TOUCHÉ! DIABLE!!, VOUS M'AVEZ DEVANCÉ!... QUELLE ADRESSE!. JE NE VOUS AI MÊME PAS VU DÉGAINER!...

SALE FLIC! VOUS M'AVEZ EU!... ____MAMAN_____......

..BLESSÉ POUR LA PREMIÈRE FOIS DANS SA CARRIÈRE DE HORS-LA-LOI, BOB DALTON S'ÉCROULA DE TOUT SON LONG, FACE CONTRE TERRE!.

BOB DALTON ET SES TROIS FRÈRES, TOUJOURS HORS COMBAT, FURENT TRANSPORTÉS VERS LA PRISON...

...PENDANT QUE JE ME DIRIGEAI STOÏQUEMENT VERS LE BAR...

EN BUVANT MON WHISKEY, J'ASTIQUAI CALMEMENT MON ÉTOILE DE SHÉRIF QUI M'AVAIT SAUVÉ LA VIE___ MON DEVOIR ÉTAIT ACCOMPLI...

(253)

...VOILÀ, CHERS CITOYENS, COMMENT, GRÂCE À MON SANG-FROID, JE SUIS ARRIVÉ À COFFRER LA BANDE DALTON!...

BRAVO!

VIVE BILL BONEY!

ÇA, C'EST TROP FORT!! IL EST GRAND TEMPS DE DONNER UNE LEÇON À CE MENTEUR!... C'EST UNE POULE MOUILLÉE DE LA PIRE ESPÈCE!

SUIVEZ-MOI TOUS LES TROIS DERRIÈRE LES COULISSES... J'AI UN PLAN QUI NE MANQUERA PAS DE LUI RABATTRE LE CAQUET, À CE BLUFFEUR... IL MENT COMME UN ARRACHEUR DE DENTS!...

ENTENDU, LUKE

D'ACCORD

OKAY.

VESTIAIRE DES ARTISTES

"BOY, OH! BOY"! MOI QUI AI TOUJOURS RÊVÉ DE DEVENIR ACTEUR DE THÉÂTRE!...

CHHHT!...

CES NEZ POSTICHES ET CES MOUSTACHES FERONT L'AFFAIRE..

PAS DE GAFFES...À PARTIR DE MAINTENANT, NOTRE NOM EST DALTON...

AH! J'AI TROUVÉ LES COSTUMES!

ACCESSOIR

JE SUIS BOB DALTON...ET C'EST MOI QUI COMMANDE ICI...

ÇA VA, ÇA VA, "MICROBE"! FAIS GAFFE...CES PÉTARDS SONT CHARGÉS...

N'OUBLIEZ PAS D'IMITER L'ACCENT DE L'OKLAHOMA...

JERSEY LILY

N'IMPORTE QUEL HORS-LA-LOI OU DUR-À-CUIRE QUI OSERA TROUBLER LA PAIX DE CETTE VILLE, JE L'ENVOIE REJOINDRE LES DALTON... SIX PIEDS SOUS TERRE!...

ASSEZ DE BLABLABLA, SHERIF! NOUS ALLONS TE BOUCLER LE SUCRIER UNE BONNE FOIS!

MORRIS 254

LES DALTON NE SONT PAS MORTS, SHÉRIF : CE SONT NOS SOSIES QUI SONT PLANTÉS SIX PIEDS SOUS TERRE!...

SAUVE QUI PEUT!

RENTREZ CHEZ VOUS, LES DALTON SONT LÀ, --LES VRAIS!...

HORS D'ICI.! AVANT QUE LES BALLES NE SE METTENT À SIFFLER!...

HÉ!

BAH! LAISSONS COURIR CE FAUX JETON, "BILL", IL N'EST PAS DIGNE D'ÊTRE PENDU--

...DU MOMENT QUE NOUS TENONS CE CRÂNEUR DE SHÉRIF.---

ÉCOUTEZ... JE...

LA FERME, SHÉRIF !---C'EST LE MOMENT DE PROUVER VOTRE COURAGE PAR DES ACTES, PLUTÔT QUE PAR DU BARATIN... JE VOUS DONNE JUSQU'À TROIS POUR DÉGAINER..

UNE

RATATATATATA---

DEUX

RATATATATA

P...PITIÉ!

TROIS

RATATATA

GRÂCE!..

QU'EST-CE QUE JE VOUS DISAIS! UNE POULE MOUILLÉE!...

LES DENTS LUI CLAQUENT.

IL SAIGNE DU NEZ !..

IL TREMBLE COMME UNE FEUILLE, LE FROUSSARD!